DU

MAINTIEN DE L'ORDRE

EN FRANCE.

—

L'ORDRE NE PEUT ÊTRE RÉTABLI QUE PAR LA DYNASTIE QUI LE MAINTINT DANS NOTRE PATRIE PENDANT TANT DE SIÈCLES.

LE CHEVALIER J. DE PEYRIHEN-KERVAL.

—

APRÈS une révolution inouïe dans les annales du monde, la surveillance, la sévérité et une prompte justice sont doublement nécessaires. *La France* a beaucoup fait pour *sa gloire militaire*, et presque rien pour *son bonheur*, qui ne sera qu'idéal, tant que la malveillance pourra s'opposer au maintien de l'ordre. « Après une longue maladie, convalescence » et santé ; il faut profiter du calme pour » prévoir les orages, comme on place les » digues lorsque les eaux sont basses (1). »

____

(1) *Défense préliminaire de Louis XVI.* 24 décembre 1792.

Le 8 juillet 1815, une nouvelle carrière s'est ouverte. Que reste-t-il à faire pour profiter de la planche que le Ciel nous tend dans le naufrage ? Deux choses : *Renoncer à tous les partis pour nous ranger tous sous la même bannière, et seconder la Garde nationale et la Gendarmerie,* qui, des quatre extrémités du royaume, forment un filet dans lequel tous les malveillans peuvent être pris, sans qu'on soit réduit à exercer contre eux les violences que leurs projets sembleroient justifier. C'est aux *autorités constituées seules* à agir ; la conspiration du brigand de l'île d'Elbe, et la tentative de quelques factieux à Grenoble, nous ont appris qu'il faut purger la société : elle ne sera en sûreté que le jour où on aura perfectionné l'esprit public.

Assez et trop long-temps on toléra la circulation des principes éversifs de l'autel et du trône ; c'est donc par former l'esprit public qu'il faut commencer. Ecoutons un homme d'Etat (1) parlant à une grande cité, dans laquelle il laissera toujours d'honorables souvenirs : « Si l'exemple du passé n'est pas perdu, » si les hommes ne sont pas incorrigibles,

______

(1) Le marquis d'*Herbouville*, pair de France, et directeur général des postes.

» nos descendans pourront profiter de nos
» fautes ; ils reconnoîtront que ce n'est ja-
» mais sans le plus grand danger qu'on
» s'abandonne à de vaines idées de perfecti-
» bilité ; que tout ce qui a la sanction des âges
» mérite nos respects ; que ce n'est point
» légèrement, que ce n'est point à l'aide des
» factions qu'on peut fonder les institutions
» et discuter les lois qui font le bonheur des
» peuples ; ils se persuaderont enfin que nul
» gouvernement n'étant parfait, puisqu'il
» n'en est pas un qui ne soit l'ouvrage des
» hommes, le meilleur est celui qui est le
» plus respecté. » Ici, le marquis *d'Herbou-*
ville se rapproche de cette pensée de *Pope :*

For forms of government let fools contest ,
Whatever is best administred is best.

Laissez les fous se disputer sur la forme du gouvernement ;
le mieux administré est le meilleur.

Ecoutons encore le même personnage :
« C'est pour avoir méconnu ces vérités éter-
» nelles, c'est pour avoir pensé qu'une société
» pouvoit exister sans religion , que des
» hommes pouvoient être unis sans morale ;
» c'est enfin pour avoir dédaigné tous les
» liens de la sociabilité, que nous avons
» éprouvé tous les maux qui résultent infail-
» liblement de l'irréflexion unie à l'orgueil.

» Il est d'autant plus nécessaire de se mettre
» en garde contre ces calamités, que les
» meilleures intentions ne peuvent pas tou-
» jours en garantir. Dans les diverses réu-
» nions, qui, sous des noms différens, ont
» tour à tour agité nos destinées qu'elles vou-
» loient régler, il en est une qui fut remar-
» quable par les grands talens et l'éminence
» des qualités qui distinguoient le plus grand
» nombre des membres dont elle étoit com-
» posée. Appelée par un Roi qui sacrifia tou-
» jours sa puissance à ce qu'il crut être le
» bonheur de son peuple, cette assemblée se
» réunit avec l'intention de concourir aux
» vues bienfaisantes du monarque ; mais à
» peine tant d'hommes furent-ils en présence
» les uns des autres, que les passions les di-
» visèrent ; les discussions ne furent plus que
» des combats acharnés ; les lois faites au sein
» du tumulte furent promulguées, non
» comme l'œuvre de la sagesse, mais comme
» le triomphe d'un parti. Bientot ces hommes
» recommandables, entraînés loin d'eux-
» mêmes, ne rougirent pas de se laisser
» guider par des meneurs, et de chercher des
» auxiliaires parmi ces êtres turbulens prêts
» à tout entreprendre sans connoître ni le
» but ni le motif de leurs actes ; enfin, au

(5)

» lieu d'une loi fondamentale qu'elle atten-
» doit, la France eut une révolution (1). »

Elle est lasse de convulsions ; elle a be-
soin de repos, et on ne jouira de ce repos,
qu'en opérant la réunion, qu'en centralisant
l'esprit public, qu'en oubliant tout ce qui
rappelleroit des haînes. « Ne livrons nos cœurs
» qu'à l'amour pour notre Roi, et à l'espé-
» rance du bonheur qu'il nous réserve si nous
» n'entravons point l'action de nos saintes
» lois (2). »

Que chaque individu s'oublie pour ne voir
que la chose publique : qu'on ne dise pas avec
un *Buonapartiste* honteux (3) : *Je ne connois
que la patrie.* Ne séparons pas ce qui ne doit
jamais être divisé. « L'ordre n'existe que par
» le respect pour la religion et la loi, l'amour
» du monarque et de la patrie : affoiblir une

---

(1) Disc. du marquis d'*Herbouville*, président du collége
électoral du Rhône, 25 août 1815, p. 2 et 3. Ce discours
est très-rare ; les amis du Roi et de la Patrie en désirent
la réimpression ; il est rapporté en partie dans les *Cam-
pagnes de* 1815, dont l'auteur a justifié les Lyonnais, indigne-
ment calomniés par quelques écrivains qui auroient autant be-
soin de leçons de grammaire que de loyauté.

(2) *Un mot aux détracteurs du Duc de Berry.* — 4 juin 1815.

(3) *Voyez* l'opuscule, intitulé : *De la Boutade de P. Morand,
dit Beauvert, contre les Dames, les Maisons militaires du Roi
et de Monsieur, et la Garde nationale de Paris.* — 8 juillet 1815.

★

» de ces bases, c'est détacher la clef de la
» voûte (1). »

C. - F. Toublant de *Gomer* a dit, avec raison, dans ces précieuses notes inédites sur le maréchal-de-camp, chevalier de *Gomer* : « On ne commande point les idées reli-
» gieuses et l'amour qu'inspire la gratitude
» pour la loi, le souverain et la patrie, qui
» veillent sans cesse sur nous ; mais la masse
» des citoyens peut s'associer à la magistra-
» ture et prêter main-forte à l'autorité qui
» donne le mouvement. » La *Garde natio-nale*, les *Troupes de ligne* et la *Gendarmerie* n'ont pas le droit de délibérer, mais elles ont celui de former une fédération contre le vice ; elles ne doivent pas chercher des cou-pables, mais seconder les *Cours prévôtales*, chargées d'arrêter le mal dans sa source, en livrant aux juridictions compétentes les êtres perfides qui dissimulent leur exaspération, ne distillent qu'insensiblement leur venin, se lamentent sur les fléaux dont ils sont la cause, ont le front de rejeter sur *Louis XVIII* les suites nécessaires de l'incursion faite par le tyran, incursion qu'il n'eût pu effectuer

______

(1) *Réflexions d'un publiciste sur l'ordre d'arrêter* M⁸ʳ L. A. H. *de* Bourbon-Condé, *Duc d'*Enghien, *et sur celui de traduire S. A. S. devant une commission militaire.* — Mars 1804.

sans l'intervention de ses riches et actifs cor-
respondans dans l'intérieur.

Si les *Cours prévôtales* avoient été éta-
blies lorsque *Buonaparte* osa revenir en
France; si la *Gendarmerie* avoit eu, comme
aujourd'hui à sa tête ces hommes dont la
cause est intimement liée à celle du chef de
l'Etat, et intéressés à déjouer les projets des
factieux, on auroit devancé la malveillance,
qui croit moins à sa force, dès qu'elle cesse
d'agir dans l'ombre; les grands prévôts font
porter la lumière dans tous les repaires.

Le Roi a pardonné aux agitateurs; nous le
chérissons; nous ne devons donc désirer que
ce qu'il veut. Nul n'a le droit de se venger,
lorsque le Monarque ne se souvient que du
bien; mais tous doivent veiller sur la nom-
breuse association, qui, depuis l'inutile tentative de quelques misérables à Grenoble,
dit, moins haut : « On ne fera point rétro-
» grader le siècle; la philosophie et les idées
» libérales ne céderont point le pas aux pré-
» jugés; nous reprendrons notre attitude et
» nos droits (1). » N'ont-ils pas parlé assez
long-temps de leurs *droits ?* Quand leur rap-
pellera-t-on leurs *devoirs ?*

L'occasion désirée par *H. L...e* et ses pa-

______

(1) *H. L...e*, *Apologie des Protestans de Nîmes.* — 1815.

reils a échappé aux factieux : ils se flatteroient
en vain. Un Ministre qui développa un grand
caractère à la Cour royale (1), et à la tête
d'une compagnie de *volontaires royaux*, qu'il
créa et organisa ; un Ministre que les intri-
gans sont désespérés de voir déjouer tous leurs
projets, a les yeux sur tous les malveillans.
Son cœur lui prescrit d'empêcher le crime de
naître, dans la crainte de se voir réduit à la
pénible nécessité de punir ; mais si les camé-
léons ont su se soustraire, tandis qu'ils com-
plotoient, désormais leurs sourdes menées
seront connues ; la haute surveillance n'est
plus confiée au madré régicide, qui ne s'en-
touroit que de sa coterie ; la première tentative connue, sera le signal d'une punition
prompte et exemplaire.

Un homme, aussi éclairé que royaliste (2),
écrivoit à un publiciste, qui lui a rendu
l'hommage le plus mérité dans le grand ouvrage annoncé, pages 7 et 8 du Journal du
Cantal (3), et page 356 de celui des Pyrénées
Orientales (4), que « dans l'ancien ordre de

---

(1) Le comte de *Cazes*.

(2) M. *Levain*, chevalier de la Légion-d'Honneur et maire
de Fougerolles.

(3) 22 juin 1816. — A Aurillac, Impr., *B.-M. Pelisson*.

(4) 25 mai 1816. — A Perpignan, Impr., *P. Tastu*.

» choses, le Gouvernement n'attachoit peut-
» être pas assez d'importance aux choix des
» chefs de la *maréchaussée ;* que l'impoli-
» tique ordonnance provoquée par la morgue
» de M. *Phélippeaux* de *Saint-Florentin,*
» n'atteignit ce corps que pour les grands-
» prévôts; mais que des idées plus saines ont
» succédé aux préjugés.

» La volonté du Roi (ajoute M. *Levain*),
» toujours conforme au texte et à l'esprit de
» la Charte que nous lui devons, met cette
» arme de pair avec les autres ; le Monarque
» appelle dans la Gendarmerie les officiers
» sans acception du rang qu'ils possédoient
» en 1789 (1). »

L'interprète éclairé de ses volontés (2), a
confié à la sagesse et au dévouement « la plus
» forte épée de la loi, au mépris des préjugés
» de 93, qui avoient proscrit le mérite uni à
» une haute naissance, comme des préjugés
» antérieurs avoient repoussé le talent privé
» des recommandations d'un grand nom (3). »

***

(1) Cette lettre est consignée dans l'ouvrage du chevalier
J. de *Peyrihen-Kerval ,* intitulé : *De la Tactique des Jacobins et
des Buonapartistes pour écarter les Royalistes des emplois.*

(2) Le général comte d'*Olonne.*

(3) *Réflexions d'un Publiciste sur l'ordre d'arrêter* Mgr L. A. H.
de Bourbon-Condé , *duc d'*Enghien, etc.; voyez la note p. 6.
On a nommé à la suite de cet ouvrage ceux qui affrontèrent

Ceux qui ont fait les plus grands sacrifices pour la cause des *Bourbons* ont demandé du service dans une arme, que la bravoure distingue autant que son stoïque attachement au souverain. La malveillance, qui a voulu s'agiter dans les départemens, n'a osé rien tenter dans la capitale. La Garde nationale est prête à la faire rentrer dans le néant ; cette Garde, intimement unie à la Maison militaire du Roi, a l'esprit qui caractérisa les Gardes-Françaises, tant qu'ils eurent l'honneur et le bonheur d'obéir au maréchal duc de *Biron ;* elle a pour émule les troupes de ligne, et ces troupes n'ont point oublié la contenance ferme du Frère et des Neveux du Monarque, qui, dans son trop long exil, s'énorgueillissoit, comme Français, des succès mêmes qui l'éloignoient du trône d'*Henri IV.*

Les pervers sont connus ; l'impunité dont ils jouissent ne doit plus les enhardir dans leurs sinistres projets. Ne nous reposons pas à l'aspect des tableaux consolans, mais veil-

---

tous les dangers pour le distribuer, ainsi que la *Défense préliminaire de Louis XVI*, du 24 décembre 1792. C'est par inadvertance qu'on a oublié les noms du comte *H.* de *Lannoy*, de MM. *J.-C.* de *Lozières*, *P.-R. Gaudu*, *F.-R. Lejar*, *F.-G. Le Hoguais* et *J.-B. Pilon*, des marquis d'*Alesme*, de *la Salle* et de *L'Estang*, et du comte *G.* de *Servières-du-Teillol.*

lons et veillons sans cesse ; et lorsque les orages seront passés, nous jetterons les yeux sur les Français dont le dévouement est consigné dans les ouvrages de MM. de *Dambach, Vauquier, Dubois - Bergeron,* de *Barruel-Beauvert, Denain, Patris-Debreuil,* de *Foulaines, Dutort-de-Fremayel,* de *Nagone, Vulpiet,* de *Peyrihen-Kerval* (1), *Favier,* de *Bonald, J. Darcet* (2), de *Mongrans* (3), de *Greyneydan* (4), et dans les foibles pages que j'ai consacrées à la défense de l'autel et du trône.

Si la surveillance la plus active doit être exercée par les dépositaires de l'autorité ; si, dans la crainte de faire renaître des haines, on croit devoir passer sous silence les noms qui se sont avilis pendant nos dissensions, un des moyens de maintenir l'ordre ne seroit-il pas de mettre en évidence tous les Français

---

(1) *Notes sur les Mémoires de MM.* de *Malartic,* d'*Autichamp,* d'*Andigné, Guyot-de-la-Poterie, Lamarque, Mocquery, Pion-Noirie, Renon, Gaulier, Bernard, Lagarde* et de *Suzannet.*

(2) *J. Darcet,* supplément aux articles de M. *Dupont-Constant,* consignés dans les numéros 234 et 235 du *Fidèle Ami du Roi,* relatifs à la brochure de M. *Rollac.*

(3) Observations de M. de *Mongrans,* sur l'ouvrage intitulé : *Les Bourbons à la barre du Champ-de-Mai.*

(4) Réfutation, par M. de *Greyneydan,* de l'Opuscule de M. *Denain,* sur l'*Esprit public.*

fidèles à l'honneur ; cette mention ne deviendroit-elle pas une recommandation notoire pour ceux dont l'infortune a sa source dans les sacrifices qu'ils n'ont cessé de faire à une cause, dont la vertu seule ne désespéra jamais ?

Dira-t-on que ce seroit occasionner des réactions ? Non. Les auteurs des forfaits ont été les premiers à s'en vanter ; s'ils eurent l'audace d'accuser *Louis XVI* de la journée du 10 août, ils eurent l'inconséquence de se pavaner, à la tribune même de la Convention, « d'avoir préparé cette journée de longue » main. » Leurs adeptes sont-ils moins pervers, quoique moins inconséquens ; les divers masques dont ils se couvrent ont-ils changé leurs cœurs ? Non ; il faut donc, au point où nous en sommes et au point où l'on veut nous conduire, former une fédération contre le crime. Prêts à écrire de notre sang sur nos drapeaux : *Roi, Patrie,* plaçons des réverbères sur les pas des hypocrites, *donec transeat iniquitas.*

G. DANTI-DE-VILLENEUVE.

Paris, 8 juillet 1816.

Imprimerie de LE NORMANT, rue de Seine, n°. 8.

www.ingramcontent.com/pod-product-compliance
Lightning Source LLC
Chambersburg PA
CBHW050741070726
47597CB00009B/4019